Compendio de los libros de

Dionisio Piris Duro

Primera edición
enero 2026

© Dionisio Piris Duro

Edición coordinada por:
edición **personal**
C/ Espejo, 10
28013, Madrid
Tels. 91 559 29 49 / 696 57 01 31
edicionpersonal@edicionpersonal.com
www.edicionpersonal.com

Maqueta: Nerea Peña Peña

ISBN: 978-84-10244-95-5
Depósito legal: M-1397-2026

Impreso en España

Compendio de los libros de

Dionisio Piris Duro

edición **personal**

Introducción

El hacer un compendio-aumento de los 7 libros publicados es muy atrevido, porque en ellos se tratan asuntos muy diferentes, como en el primero que afloran temas variados, pero que están en el referente en impacto que cada uno tuvo por lo ocurrido y lo que podía suceder, como entrar en una democracia que por fortuna se puede tener una opinión sobre ellos.

También hubo asunto como el del cambio en el Ejército de la Campaña de los soldados a filas, que se transformó en soldados profesionales, en un cambio que había durado 200 años.

Surgió que la Ley –se facilitó una disposición– para el pase en determinadas edades que se podía solicitar que quienes reunieran determinadas condiciones pasara a una reserva transitoria que ocasionó un problema de improvisadas consecuencias, como el del desahucio de unos 45 000 militares que ocupaban vivienda militar, se les amenazó a que abandonaran sus cosas que tenían alquiladas de muchos años anteriores.

Debe constar que en las mismas condiciones que estaba lo militar, existían los funcionarios civiles y que jamás se les hizo una gran indicación a que les dejara; más bien siempre tuvieron la casa de un militar. Solo Defensa realizó esta amenaza que duró más de 15 años.

Despúes se exponen temas militares como debe ser para todos españoles que intervinieron en la historia de su pueblo. Se relacionan cien, pero al leer algunos de los hechos en casi todos ellos se observa su aportación a la grandeza de España.

Se incluye la historia de los reyes y presidentes de la república del país vecino, que se resume en la Ley Cronológica de Portugal, como se puede observar.

En *Trayectoria de una vida* se incluyen asuntos, de tema familiar, como en la carpeta nº 40 celebración entre las horas de comida de ampliación y relación familiares.

Se hace constar en *Origen, trabajo y desarrollo del hombre en la tierra*: edificios milenarios, en lejanos territorios, el origen, creación…

Relación de los libros publicados, indicando algunos datos de interés para recordar

1. *Reyes y jefes de Estado*: 1ª edición, 2009; 2ª edición, junio 2012; 3ª edición, enero 2017; 4ª edición, julio 2020.

2. *Diez años de lucha*: 1ª edición, junio 2012.

3. *Historia de los reyes y presidentes de Portugal*: 1ª edición, diciembre 2012; 2ª edición, mayo 2017.

4. *Trayectoria de una vida*: 1ª edición, abril 2014; 2ª edición, julio 2020; 3ª edición, septiembre 2023; 4ª edición, sept. 2024.

5. *100 militares españoles que influyeron en la historia de su pueblo*: 1ª edición, 2014; 2ª edición, febrero 2021.

6. *Origen, trabajo y desarrollo del hombre en la Tierra*: 1ª edición, noviembre de 2021; 2ª edición, mayo 2022.

7. *Exposición de acontecimientos que tuvo en su vida Manuel Pires Nunes*: 1ª edición, octubre de 2024; 2ª edición, enero 2025.

Como simplemente recordatorio queda expuesta la relación de los libros que por este autor fueron publicados, que a pesar de tratar diferentes termas, se hace la curiosidad de englobarlos en una solo, indicando algunos temas de que están añadidos o que falta en los libros citados.

Mi vida en distintas situaciones. Nací en 1933 en Cedillo

4 – 11 **ENSEÑANZA**. 7 años en Monte Fidalgo (Portugal) Fueron los años que marcaron la enseñanza de mi vida con un espíritu de superación siempre.

11 – 18 **PESCADOR**. 7 años ayudando a mi padre. La mejor época de mi vida, aunque de gran riesgo y dedicación por recibir una dirección de trabajo modélico de la persona de una gran bondad e inteligencia. Esa enseñanza fue básica durante mi vida.

18 – 86 **MILITAR**. 50 años: 5 años Academia Militar, mando Batería, 2º Jefe Gabinete FCAG, Jefe del Gabinete Criptográfico (Cifra), Abogado, en defensa de varios GC,s, Juez, del Regto. Núm. 71; Patrullas de Tiro (1958, 1965, 1968). RT-1986, Ingreso Regto. núm. 13 -1952.

86 – 2024 **ESCRITOR**. 27 años: Más de 100 escritos publicados en revistas y periódicos nacionales desde el año 1970, 7 libros (varios temas), 35 cuadernos (entre ellos: Familia Piris-Duro; Amigas, amigos y familiares; Encuadernado de Viajes, Artículos, Datos personales…; Libro Diez Años de Lucha (Defensa para evitar el desahucio de los inquilinos de Viviendas Militares).

Madrid, 12 de julio de 2024. Dionisio Piris Duro (91 años)

Esta nota de situaciones es indicada solo para poder ver los cambios que tuvo el indicado durante su vida *grosso modo*. Todo entra en lo normal dentro de una vida de lo más corriente que puede suceder a un ser humano de humildes recursos para haber estudiado normalmente siempre.

1. Reyes y jefes de Estado

Introducción

Reconquista (711-1492): fue una invasión cruenta que duró ocho siglos. Marruecos está esperando la ocasión que tuvieron en el año 711, para que los mandos españoles le presten su ayuda para invadir España.

La Guerra de España que estuvo tres años de lucha entre hermanos (Guerra Civil).

Contra los franceses que invadieron parte de Portugal y parte de España, hasta que los valientes españoles les hicieron frente.

La triste lucha en Asturias, que repercutió en casi toda España, con muchos muertos y grandes destrozos en catedrales y en edificio en general. Por muchos historiadores se considera como el comienzo de las guerra 36/39.

Qué fueron los Pactos de Moncloa de 1977?

Para entender la importancia de los Pactos de la Moncloa es esencial conocer el contexto histórico. ¿De dónde veníamos? Tras la muerte del dictador Francisco Franco en 1975 todo empezó a cambiar en España. Dimite Carlos Arias Navarro como presidente del Gobierno y el Jefe del Estado actual, Juan Carlos I de Borbón, apuesta por un joven Adolfo Suárez para ocupar el cargo. Será Adolfo Suárez el que consiga sacar adelante en el Congreso la Ley para la Reforma Política y por fin 1977 trae las primeras elecciones democráticas tras la dictadura y después la firma de los Pactos de la Moncloa.

«Las primeras elecciones democráticas dieron al gobierno de Adolfo Suárez la legitimidad necesaria para afrontar la crisis económica que se arrastraba desde cuatro años atrás», cuenta a Newtral.es el profesor José Luis López González del Departamento de Derecho Público y Filosofía Jurídica de la Universidad Autónoma de Madrid.

La situación era grave. «En España el coste de la vida (la inflación) se había elevado en un 19% en 1976 y amenazaba con llegar a un 30% en 1977. El número de parados alcanzaba el 5%, una cifra alarmante entonces (recordemos que en esos años, tras el régimen de Franco, los datos económicos estaban ocultos bajo muchos parámetros del Estado). El déficit exterior había pasado de 3.500 millones de dólares en 1975, a 4.200 en 1976 y llegaría a 5.000 ese año. La economía no podía seguir así, pero no había soluciones fáciles ni cabía la demagogia ante asuntos complejos», cuenta López González. «Había que dominar la inflación, porque solo así se resolvería el paro de modo duradero, y había que reducir el déficit exterior», entre otras muchas cosas.

De ahí surgió la idea. Todos debían unirse para sacar a España de aquella coyuntura. Por eso los Pactos de la Moncloa fueron los acuerdos firmados en el Palacio de la Moncloa durante la transición española el 25 y el 27 de octubre de 1977 entre el Gobierno de España de la legislatura constituyente, presidido por Adolfo Suárez (UCD), los principales partidos políticos con representación parlamentaria en el Congreso de los Diputados y con el apoyo de las asociaciones empresariales y los sindicatos (a excepción de la CNT) con el objetivo de procurar la estabilización del proceso de transición al sistema democrático. Dichos acuerdos fueron ratificados posteriormente en el Congreso y más tarde en el Senado (con tres votos en contra y dos abstenciones).

Los Pactos de la Moncloa tenían buenas intenciones al principio, pero después algunos partidos políticos fueron introduciendo orientaciones para adaptarlos a sus fines políticos. Sobre este tema hay mucho escrito en diferentes aspectos.

Los Pactos de la Moncloa (formalmente fueron dos, denominados Acuerdos sobre El Programa de saneamiento y reforma de la economía y Acuerdo sobre el programa de actuación jurídica y política) fueron los acuerdos firmados en el Palacio de la Moncloa durante la transición española el 25 de octubre de 1977, tomando conocimiento y comprometiéndose a su desarrollo el Senado el 11 de noviembre, entre el Gobierno de España de la legislatura constituyente, presidido por Adolfo Suárez. Disposición final. La presente ley tendrá rango de ley Fundamental. Ley para la Reforma Política (1976).

- **1133 - Campaña militar en el Guadalquivir**: Alfonso VII de León dirige una campaña militar en el sur peninsular saqueando ciudades andalusíes del valle del Guadalquivir.

- **1139 - Batalla de Ourique**: Los portugueses vencen a los almorávides en la Batalla de Ourique

- **1141 - Dominio Almohade**: Los almohades se imponen a los almorávides en el norte de África

- **1142 - Reconquista definitiva de Coria**: Alfonso VII de León reconquista definitivamente Coria

- **1143 - Tratado de Zamora**: Se reconoce la independencia de Portugal por el Tratado de Zamora

- **1147 - Los almohades toman Sevilla**: Los almohades toman Sevilla, los almorávides huyen a Mallorca

- **1147 - Toma de la fortaleza de Calatrava**: Alfonso VII de Leó

1º)

Batalla de la Reconquista (711-1492) (711-1492)

711 - Batalla de Guadalete
711 - Conquista de Toledo
713 - Conquista de Mérida
716 - Asesinato de Musa
718 - Don Pelayo, noble visigodo, funda el Reino de Asturias
722 - Batalla de Covadonga, derrota a los musulmanes
732 - Batalla de Poitiers
737 - Muerte de Don Pelayo
739 - Expulsión de Galicia y Norte de Portugal
814 - Tumba del Apóstol Santiago
920 - Batalla de Valdejunquera.
927 - Los Musulmanes toman Melilla
929 - Califato de Córdoba
1031 - Reinos de Taifas
1065 - El Cid Campeador
1093 - Reconquista de Lisboa, Sintra y Santarém
1097 - Batalla de Bairén   Rodrigo Díaz de Vivar
1108 - Batalla de Uclés
1127 - Reino de León invade Portugal

Desde un principio hubo varios traidores, entre ellos, el conde D. Julián y el obispo de Sevilla, año 711, que todo era conquista hasta que tuvo signo contrario hasta que en Las Navas de Tolosa 1212, y posteriormente llega la famosa batalla de Covadonga el año 722 que cambió el signo de la conquista, en muchos casos a favor de España, como se puede observar en las fechas de las batallas que se celebraron. Hasta que el año 1492 con la conquista de Granada se consiguió la rendición total. Lo que se considera **conquista** es desde 711 hasta Las Navas de Tolosa 2112, que el signo histórico cambió, que hasta el final fue reconquista de Granada 1492. Solo queda que apuntar que en la actualidad se rumorea que en La Catedral que construyó el ciudadano JUSTO GALLEGO MARTÍNEZ, con el nombre: **LA CATEDRAL DE LA FE**, trabajando por el día y por la noche con la única intención de ofrecer una vida dedicada a Dios DONDE DICE: «Dios tiene sed de ti. Sed de tu Amor», «Aprende a conocer a Cristo y llegarás a Dios nuestro Padre, Él te está esperando». El revuelo que se está generando es que el padre Ángel tiene la intención de que dentro de la Catedral de LA FE que durante 70 años ha hecho Justo, sin conocimientos previos y después de haber sido dado de baja de un convento por estar enfermo; pero como su espíritu religioso-cristiano era tan grande quería demostrarlo.

HISTORIA

La invasión olvidada: Marruecos ya atacó España antes de la M… Verde... y ganó

La guerra de Ifni Sáhara en 1957 fue el olvidado y sangriento prólogo a la Marcha Ver…

Un legionario en la capital del Ifni, Sidi-Ifni circa 1968.

Por **Julio Martín Alarcón**

19/05/2021 - 11:19

Y en 1474 la corona de Castilla conquistó las Islas Canarias. En el año 1934 el coronel Capaz en la República construyó la capital de SIDI IFNI. En 1953 el rey Mohamed V y su hijo Muley Hassan intervinieron en la guerra de IFNI-Sahara. En el 1956 Francia tuvo encuentros en varios frentes. Los años 1957-1958 es el comienzo de la guerra de IFNI-Sahara. Marruecos sigue siendo un grave peligro para España, llevando a cabo sus ataques de diversas formas: a través de las continuas pateras hacia las Islas Canarias, alborotos en Ceuta y Melilla, introduciendo su población para cada vez ocupar cargos políticos formando partidos, abonando cantidades para que especialmente las mujeres lleven pañuelos, prohibiendo que se coma carne de cerdo y que esté el crucifijo en los colegios. Si todo lo de aquí les molesta lo tienen muy fácil quedándose donde tienen lo que aquí rechazan.

Golpe de Estado en España de 1981

El golpe de Estado de 1981, también conocido por el numerónimo **23F**,[nota 2] fue un intento fallido de golpe de Estado perpetrado el lunes 23 de febrero de 1981 por algunos mandos militares en España. Los hechos principales sucedieron en las ciudades de Valencia y Madrid.

En Madrid, a las 18:23 horas, un numeroso grupo de guardias civiles a cuyo mando se encontraba el teniente coronel Antonio Tejero asaltó el Palacio de las Cortes durante la votación para la investidura del candidato a la Presidencia del Gobierno, Leopoldo Calvo-Sotelo, hasta entonces vicepresidente segundo del Gobierno y diputado de la Unión de Centro Democrático (UCD). Los diputados y el Gobierno de España al completo fueron secuestrados en su interior.

La ciudad de Valencia fue ocupada militarmente, en virtud del estado de excepción proclamado por el teniente general Jaime Milans del Bosch, capitán general de la III región militar. Dos mil hombres y cincuenta carros de combate fueron desplegados en las calles de la ciudad.

A las 21 horas de ese mismo día, el diario *El País* puso en la calle una edición especial posicionándose contra el golpe con el titular en primera plana: «El País, con la Constitución».[1] A la una de la madrugada del 24 de febrero, el rey Juan Carlos I, vestido con uniforme de capitán general de los Ejércitos, se dirigió a la nación por televisión para situarse en contra de los golpistas y defender la Constitución española. Poco después, Milans dio la orden de regresar a sus unidades a los contingentes militares que ocupaban Valencia. El secuestro del Congreso terminó a mediodía del día 24.

El teniente coronel de la Guardia Civil, Antonio Tejero, irrumpiendo pistola en mano en el hemiciclo del Congreso de los Diputados.

Golpe de Estado de 1981	
Contexto del acontecimiento	
Fecha	23 de febrero de 1981
Sitio	España
Impulsores	Véase *Condenados*
Gobierno previo	
Gobernante	Adolfo Suárez
Forma de gobierno	Monarquía parlamentaria
Gobierno resultante	
Gobernante	Adolfo Suárez[nota 1]
Forma de gobierno	Monarquía parlamentaria

El Tribunal Supremo, en casación, condenó a 30 años de cárcel a Milans, Tejero y Alfonso Armada como principales responsables del golpe de Estado. En total fueron condenados doce miembros de las Fuerzas Armadas, diecisiete miembros de la Guardia Civil y un civil. Menos Tejero, todos ellos salieron de la prisión antes del año 1990 (el general Armada gracias a un indulto).

Aquí debo incluir al comandante D. Ricardo Pardo Zancada, por su comportamiento fiel como enlace entre los Altos Mandos que estaban gestionando como solucionar el grave problema que vivía España en ese momento de 1981. Nunca debe olvidarse que los altos directores del 23-F, fueron en primer lugar el general de División Armada, hombre que jamás iría en contra del rey, sólo tenía una razón hacer algo que evitara tantos muertos por la ETA, y lo que él transmitiera era interpretado por los demás, como lo correcto; el Tte. Gral. Milans del Bosch, hombre monárquico, que aceptaba el intentar un arreglo de la situación que se vivía en ese momento; el teniente coronel Tejero por sus dotes de estratega era la persona a utilizar para tomar el Congreso, no aceptaba la composición del nuevo Gobierno e hizo frente al General Armada; el comandante Ricardo Pardo Zancada, hombre de gran nivel cultural y que también opinaba que debía darse un golpe de timón, sin que dañara nada la marcha de la Unidad Nacional. Resultaría la continuidad de la monarquía del rey D. Juan Carlos con un presidente del Gobierno mandado por el general Armada y de vicepresidente Felipe González. Sabemos que existe un documento manuscrito donde consta el nuevo Gobierno con los nombres de todos los cargos y que pertenecían a diferentes partidos políticos. Este fue el rechazo de Tejero, porque se consideró engañado de lo que previamente se iba a llevar bajo el mando del nuevo Gobierno que no era lo que previamente se había estudiado.

El periodista Javier Morán de Madrid realizó una entrevista en su casa al general Pardo de Santayana en el que dice: «Estábamos a lo que decía Armada, porque creíamos que era la voz del rey». En julio de 1980 antes del golpe de Estado del 23-F, ya empezaba a forjarse la idea de que la crisis gubernamental de Adolfo Suárez debía ser atajada por un militar, el general Alfonso Armada, un hombre al que sus compañeros de milicia otorgaban más autoridad que a Suárez, o a su vicepresidente, el general Gutiérrez Mellado, o al jefe del Estado Mayor del Ejército (JEME) José Gabeiras. Y los grupos de ultraderecha provocaban que… ¿ustedes qué van a hacer?…».

La profunda crisis económica, las tensiones nacionalistas o los atentados de ETA, en aquel año de mayor actividad mortífera de la banda terrorista, junto con el GRAPO.

«Tuve una conversación en julio de 1980 con Sabino, me hizo referencia a conversaciones, incluso de políticos, como luego fue la famosa de Lérida, entre Armada y miembros del PSOE; y agregó que la conclusión era un posible gobierno de concentración… "Mira, Sabino, sabes muy bien que siempre he seguido la política como cualquier español, pero nunca estado en ella. No lo sé". Y entonces me dice: "¿Armada?". Su respuesta fue "que sí, que puede ser el presidente, porque es un hombre muy inteligente, que ha tenido una relación con políticos, y es gallego. Que es una ventaja para saber por dónde vienen los tiros; me parece bien"».

En el artículo, que es muy largo, hasta viene la foto del general Pardo de Santayana.

Entrevista realizada al general Armada por el periodista Javier Morán en casa del general Pardo de Santayana y Coloma, hombre de gran prestigio en el Ejército.

Sabemos los intentos del 23F pero de lo que no se sabe casi nada es de los hechos tan graves que tuvieron lugar en Cataluña y cuáles fueron las penas de los responsables y si han cumplido en su totalidad o si todavía siguen en libertad y ostentando altos cargos… ¿Hay alguna semejanza con los arrestos del 23F?

Esta foto pertenece al libro de Juan Pla *La trama civil del golpe*.

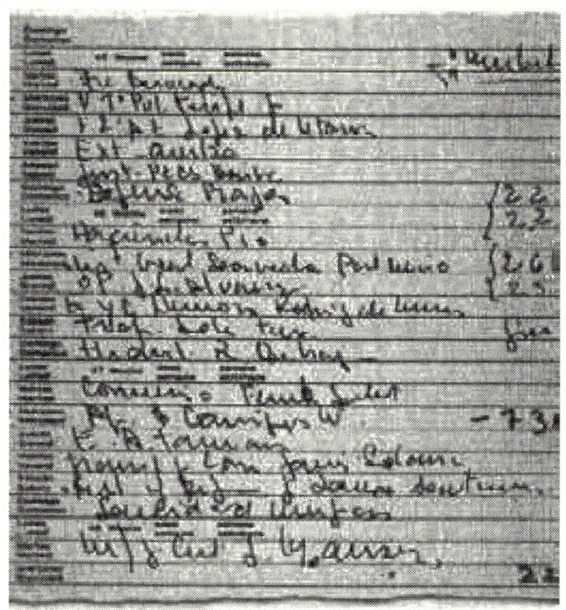

2. Diez años de lucha

Introducción: venta de las viviendas militares

La Asociación de Poeta Esteban de Villegas, debidamente organizada y que durante unos 10 años hizo frente a Defensa, que intentó desahuciar a 45 000 inquilinos de sus viviendas. Al final publicaron la Ley 26/99 para que las vendieran, pero con trampa, porque retrasaron la venta para elevar el precio.

La lucha fue desigual, porque frente a los inquilinos estaba todo un Gobierno con su enorme maquinaria. Al final se publicó la Ley 26/99 para que las casas fueran vendidas a sus arrendatarios. Estimamos que fue decisiva la intervención del JEME, D. Alfonso Pardo de Santayana, que, como no tenía actuación directa, lo hizo suavizando la labor de los gestores civiles para que se llevara a un acuerdo de menos dureza como estaba previsto.

6.- A los hijos: Yolanda y Alberto los mantuvimos lo más al margen posible de la enfermedad de su madre, porque ellos tenían unos años muy ocupados en sus Colegios (están justo en las peores épocas de los últimos cursos y de tomar decisiones para los Cursos Superiores). Pero además de todo, les afectaba la triste situación de tener cada vez más disminuido el gran apoyo directo e indirecto de quien siempre les motivaba y ayudaba en sus trabajos con verdadero cariño.

Debe quedar claro, que siempre que pudo, cuando se iban a sus Colegios salía al balcón para verlos y quedó en mi mente grabada la frase: "YA POCAS VECES OS PUEDO DESPEDIR".

7.- Universidades y amistades. Mi visión estaba puesta, en principio, en que siguieran sus estudios como lo estaban haciendo de buenos alumnos con eficacia y si fuera posible los veranos hacer excursiones a Francia, Portugal, Italia e Inglaterra, según el idioma que estuvieran practicando; pero empezaron a surgir inconvenientes de disponibilidad para ir los tres juntos. El comienzo iba bien orientado, porque estuvimos en Francia disfrutando de unas buenas jornadas. Posteriormente se presentó la realidad del contacto con otros compañeros. Yolanda, en ese campo estuvo muchos mejor orientada e iba aprovechando eficazmente los estudios que mejor le vendrían, porque complementaban su carrera.

Posteriormente se presentó la realidad de las disponibilidades de cada uno de los que podían y debían componer las salidas.

8.- Hablando de las cuñadas. Hizo una llamada a sus dos cuñadas Maruja y Josefina porque de sus hermanas nunca había tenido ningún contacto ni en casa ni en el Hospital, lo que se supone que no podía contar con ellas. Efectivamente asistieron las dos cuñadas a su cita en el Hospital, pero nunca trascendió nada de lo allí hablado. Aunque se supone que iría orientado a que ayudaran, en lo posible al esposo y a los hijos (Yolanda y Alberto) de forma muy especial. Yo comprendo que las edades que también tenían sus propios hijos, no les permitiría atender preocupaciones de sus sobrinos.

9.- Para completar, aunque me aparte un poco de los temas, quiero dejar todos los puntos expuestos. Incluyendo que al comprar el piso de Fátima núm. 19, necesitábamos 50.000 pts. Para la entrada de las que no disponíamos y recurrimos a los padres de Manoli, que nos las concedieron con la condición de devolver 5.000 pts, mensuales, durante los siguientes 10 meses. Si tengo que añadir que cobraba 16.000 pts y una cuota del préstamo bancario de 8.000 pts. Esa era nuestra situación económica con dos hijos de pocos años, que a pesar estrechar los gastos con un buen control, era muy difícil. Durante bastante tiempo antes de final de mes debía ir a mis padres que me concedieran una cantidad para completar los gastos hasta final de mes, que poco después se lo devolvíamos.

Madrid, 6 de Enero de 2023. Dionisio Piris

En este escrito, donde figuran los números 6, 7, 8, 9, dando comienzo a unas ideas personales del autor. 6 enero de 2023. Habrá que leerlo en el escrito completo.

Este hecho fue de gran resonancia y necesaria solución inmediata, porque suponía dejar sin el servicio de ascensores: Paseo Reina Cristina, Andrés Torrejón, Agustín Querol, Poeta Esteban de Villegas. Un total de 17 portales.

Por la orden 1140/ 1997 de 24 de abril comunica la Comunidad de Madrid con una PLACA colocada en cada ascensor, ~~serán cambiadas~~ que las puertas de los ascensores serán cambiadas antes del mes de abril del año 2000, de no hacerlo, serán paralizados todos los ascensores. *Lo llevaron a efecto puntualmente, pero la protesta de los vecinos los obligó a que procedieran a cambiar las puertas*

Primero. Ante esta amenaza entró en acción. El Presidente de la Comunidad de Vecinos de Poeta Esteban de Villegas, poniéndolo en conocimiento de la Dirección General del INVIFAS con los siguientes escritos:

Con fecha 7 de noviembre de 1997, la Asociación de Vecinos Poeta Esteban de Villegas al INVIFAS. **Sin respuesta**

Con fecha 9 de abril de 1999, se reitera la comunicación al INVIFAS. **Sin respuesta.**

Con fecha 11 de abril de 2000, de nuevo se comunica a INVIFAS. **Sin respuesta, también al tercer escrito.**

Segundo. ZARDOYA OTIS,SA 18 septiembre de 2000, Dirección General Industria. Ordena la paralización de todos los ascensores. Cosa de se hizo inmediatamente.

Ante esta situación el Presidente de la Asociación de Vecinos de Poeta Esteban de Villegas llamó a TVE el grave problema que se presenta, presentándose inmediatamente un equipo de televisión en la dirección que le había señalado: Pº Reina Cristina, 21, el Presidente que había dado el aviso, le presentó al equipo de la TVE al detalle lo que había sucedido. El hecho fue tan grave que nos enteramos que la noticia llegó a los representantes españoles en Bruselas, ante tal situación hubo inmediatamente reuniones del INVIFAS y de OTIS, que al día siguiente empezaron a funcional los ascensores con las puertas puestas. *y orden de poner las nuevas lo antes posible.*

Tercero. Tuvimos una audiencia con el Director General del INVIFAS: El Presidente de la Asociación de Vecinos de Poeta Esteban de Villegas, Dionisio Piris; La Presidenta de la Asociación de Vecinos de Virgen del Puerto, María Yolanda González (Abogada) y el coronel Médico Enrile. El comienzo de la entrevista (que en principio no tenía nada que ver con las puertas de los ascensores), fue echar la culpa al Presidente de la Comunidad de Vecinos Poeta Esteban de Villegas Dionisio Piris, (que era el Presidente del Barrio de los ascensores afectados), pero éste portaba (por si surgía algo sobre este asunto de las puertas, nada menos que los escritos que le había dirigido oportunamente, con el membrete del INVIFAS. Quedó claro ante estos documentos que él había sido NEGLIGENTE en la obligación de sus deberes.

Madrid, abril de 1997. Dionisio Piris

En el mes de abril de 1997 la Dirección General de Industria de la Comunidad de Madrid puso en todos los ascensores del barrio (Reina Cristina, Poeta Esteban de Villegas, Agustín Querol, Correo) una placa dando la orden de cambiar las puertas de los ascensores. Esta orden fue puesta en conocimiento del INVIFAS, por el presidente de la Comunidad del Paseo Reina Cristina núm. 21 y nunca fue tomado en serio.

Familia materna de Manoli.

Apunte esquemático de la atención-proximidad personal de los padres y hermanas, especialmente, durante la enfermedad que duró tres años, con el siempre de ejemplar comportamiento todo el tiempo que duró en esa situación tan delicada.

1.- Durante los tres años de la enfermedad no ha tenido ninguna ayuda de sus padres (excepto los quince días que en su casa fue atendida por su tía, que la trató muy bien, acabó esa fecha y nunca más hubo relación de su tía hermana de su madre, con sus y padres, y Manoli regresó a su casa donde siempre había estado

2.- Las hermanas de la enferma jamás dieron muestra de su existencia, para saber cómo se encontraba su hermana Manoli. Debo decir que durante los tres años que duró la enfermedad de su hermana. Además, tengo que dejar constancia de que su hermana Conchita una noche quedó en ir a acompañarla. Sucedió que su hijo Juan ese fin de semana vino a Madrid y ella prefirió quedarse en su casa con su familia y no asistir al compromiso de su cita; todo ocurrió porque su hijo Juan vino a Madrid; que sería la única noche, de los tres años que iba a pasar con su hermana. Jamás la visitaron tampoco cuando estaba en su casa, ni en el Hospital en sus hospitalizaciones. Ese fue el comportamiento de su familia con la hija- hermana.

3.- Su hermana María Jesús, como tenía sus propios problemas de salud, nunca dio señales de interés por saber algo de su hermana Manoli que cruzaba por malos momentos también de su salud. Esta hermana que no tuvo ningún contacto con nosotros, en especial con su hermana Manoli, una vez que tuvo la ocasión de ir mejorando de su enfermedad, empeñó a llevarse a su sobrina para que le sirviera de compañía y entretenimiento en compras de ropa de forma exagerada y otras ocupaciones porque ella necesitaba distraerse, además de ir entrometiéndose en su relación con su padre y hermano, que los apartó fatalmente. Se llevaba a Yolanda a sus salidas, pero jamás visitó nuestra casa. Queda bien claro que ninguna de las dos hermanas aportó ni compañía ni acercamiento.

4.- Sus padres después del fallecimiento de su hija, le dije a mi suegra, que yo estaba de servicio en el Gabinete Criptográfico del Estado Mayor Central del Ejército, donde estábamos destinados cuatro Oficiales, y que le agradecería que Yolanda y Alberto fueran a comer a su casa ese día, me contestó: hoy pueden venir, pero en adelante debes avisarme con dos días de antelación, como es lógico sirvió de punto de partida, jamás fueron a comer a casa de sus abuelos maternos, que además vivían cerca de nosotros .

5.- En esas fechas ocurrió que salió una Ley para que al reunir determinadas condiciones podía pasar a una situación llamada Reserva Transitoria y me acogí a ella quedando enteramente libre para atender a los hijos y a la casa. Tengo que dejar escrito que Manoli, con una visión clara de los acontecimientos, unos 15 días de morir, me llevó con ella a la cocina diciéndome que tomara nota de cómo preparar cada comida. Lo hice en una octavilla para cada plato anotando los ingredientes necesarios, que me fue de tanta utilidad que me salvó el problema de hacer comidas al menos en dos años. Sólo siento no haber guardado todas las notas escritas, pero todavía me quedan algunas después de tantos años y que tan útiles me fueron. me sirvieron. Nunca diré que me hice un experto, pero sí que me fue de gran ayuda, para salvar los delicados momentos que empezaron a llegar.

En el escrito está indicado qué debe hacerse para la compra o el alquiler de una vivienda.

Introducción

Todo comenzó cuando, después de publicarse el Real Decreto 1000/1985, en la Disposición Adicional Octava, punto 3, se dice que **el personal que pase a la Reserva Transitoria** «se integrará en la situación de reserva manteniendo el citado régimen de ascensos y retribuciones» y a continuación señala que «**causará los mismos efectos que el pase a la situación de retiro**». Según las Reales Ordenanzas, en su artículo 224, se dice que «Los militares retirados mantendrán, con arreglo a lo que determine la Ley, los derechos del personal en activo [...]», que en principio iba destinada al personal que había pasado a la situación de reserva transitoria, como se publica en el periódico *Ya* en día **8 de noviembre de 1989** (para su consulta recurrir al apartado 3º: «Escritos publicados en prensa nacional»). Se da un paso adelante en *El País* el día 30-12-90, que resalta que hay «Inquietud en los cuarteles por la reforma que Defensa prepara en secreto. **Los militares que pasen a reserva a partir de 1995 deberán desalojar su vivienda castrense**». En vista de lo expuesto anteriormente y mucho más, tuvimos que recurrir a la protesta en defensa de miles de familias que estaban siendo amenazadas de ser privadas de sus derechos. Posteriormente, se lanzó desde Defensa otra ofensiva mucho más amplia, que conducía también a los desahucios pero a través de la maniobra de nombrar las viviendas militares de apoyo logístico, lo que les permitía justificar que esas viviendas serían destinadas al personal en activo.

En consecuencia, como el acoso se extiende a otras situaciones, como las señaladas en *El País* en renglones más arriba, sobre los militares «que pasen a reserva a partir de 1995» que ocupen vivienda militar, surgió la necesidad de organizar la Asociación de Vecinos «Poeta Esteban de Villegas», que iba a responder con tesón y sin desmayo a la tremenda crisis entre Defensa y sus arrendatarios, ante el empeño de desahuciar a unos inquilinos que llevaban ocupando una vivienda en pleno derecho, como miles de viviendas ocupadas por personal civil y para las que el trato por el Ministerio de la Vivienda en todo momento fue correcto reconociéndolas como lo que eran: de Protección Oficial.

Para colmo, ya en el año 1999 (Ley 26/99) en la «Disposición Adicional Segunda, Normas para la enajenación de viviendas militares y demás inmuebles», tenemos lo siguiente:

—En el punto b): «El **precio de venta** de los inmuebles se fijará de acuerdo con el valor real de mercado en el momento de su ofrecimiento, al que se aplicará una reducción, quedando valorado de forma unitaria en **el 50% del valor real**». Y ello a pesar de **nuestras reiteradas insistencias**, por escrito, dirigidas a Autoridades y en especial a Defensa, para **que valorara todas las viviendas simultáneamente para evitar un agravio comparativo por el desajuste en los precios** y, que las adjudicara a medida de su disponibilidad.

Se refiere al pase a la **Reserva Transitoria** que se trata en la Ley 1000/1985. Sobre este tema hubo mucho que hablar hasta que por Ley 26/99 se quedó resuelto, con la venta de los pisos a sus inquilinos, aunque no conforme a la Ley de viviendas protegidas como lo era también para los Funcionarios Civiles. Y la fecha de la venta fue retrasada en el momento que están subiendo de manera ascendente. Hubo muchos puntos de incumplimiento de la ley.

Este asunto está expuesto ampliamente en varios de los libros que se publicaron.

Figura en el libro *Diez años de lucha* pág. 17.

Dña. YOLANDA PIRIS GUERRA, abogada, con domicilio a efectos de notificaciones en el Pº Reina Cristina 21, 6º A, 28014 Madrid, en nombre y representación de D. DIONISIO PIRIS DURO, Representante de los Usuarios del inmueble nº 21 del Pº Reina Cristina, conforme acreditaré en su momento mediante poder *apud acta*, ante la Sala comparezco y DIGO:

Que por medio del presente escrito vengo a INTERPONER RECURSO CONTENCIOSO-ADMINISTRATIVO contra la Resolución de la Dirección General del Instituto para la Vivienda de las Fuerzas Armadas (INVIFAS) de 28 de noviembre y notificada el 23 de diciembre de 1995, por la que se confirma la resolución adoptada con fecha 3 de octubre de 1995 por el Delegado Local, que deniega el reintegro del importe de 78.880 pts. a que ascendieron los gastos de reparación de una avería producida el día 2 de agosto de 1995 en el inmueble arriba referenciado, perteneciente a dicho organismo.

Que de conformidad con lo dispuesto en el art. 57 de la Ley Reguladora de la Jurisdicción Contencioso-administrativa, se acompaña al presente escrito fotocopia de la resolución impugnada y acreditación de haber efectuado ante el órgano administrativo autor de dicha resolución la comunicación a que se refiere el art. 110.3 de la Ley de Régimen Jurídico de las Administraciones y del Procedimiento Administrativo Común.

Que a los efectos de lo previsto en el art. 49 de la ley Jurisdiccional, se fija la cuantía del presente recurso como indeterminada.

Por lo expuesto,

SUPLICO A LA SALA que teniendo por presentado este escrito, con los documentos que se acompañan, se digne admitirlo y tener por interpuesto recurso contencioso-administrativo contra la resolución de la Dirección General del INVIFAS arriba referenciada y, previos los trámites preceptivos, reclame el expediente administrativo de dicho organismo a fin de que me sea puesto de manifiesto para formalizar la demanda.

Es Justicia que pido en Madrid, a 7 de febrero de 1996.

Col. Nº 52.268

Una vez que hubo un escape de agua en el portal del Paseo
Reina Cristina, 21, al ser alarmante intervinieron varios vecinos. Estaba en ese momento de presidente de la Comunidad
el coronel Rafael Nieto Martínez que puso de su parte y de los
medios adecuados todo lo posible para que se solucionara.

Después, vino la segunda parte, para que el INVIFAS
pagara el importe de los gatos ocasiones. Como era costumbre
el INVIFAS se negó.

Después del tiempo pasado el presidente que iba por turno
ya era Dionisio Piris, que como corresponde se hizo cargo de
continuar la solución del problema. Todo sigue ente la sala que
al final se ganó el juicio, devolviendo 95 000 ptas. a la comunidad.

Comentario a los puntos que brevemente se indican, sobre el trato dispensado a los arrendatarios de vivienda militar bajo la administración de Defensa, a través de la Gerencia del Patronato de Casas Militares, cuya presión a partir del año 1989, en principio como objetivo que consideraban más vulnerable porque parte de sus inquilinos habían pasado a la situación de Reserva Transitoria. Posteriormente fueron ampliando la misma finalidad de conseguir el pretendido desahucio a otros grupos que también ocupan este tipo de vivienda. El objetivo de presión insistente duró nada menos que una docena de años, sin tregua. Siempre dispuestos a vulnerar las leyes, intentaban apoyarse en temas como Apoyo Logístico...

Lo más sangrante de todo es su forma sectaria, porque los Ministerios Civiles que habían construido sus viviendas, también de Protección Oficial, con las mismas leyes por las que fueron construidas las viviendas militares: La Ley 29/1963, de 5 de marzo que indica "... para extender sus beneficios a los funcionarios en situación de reserva, jubilación o retiro...". Continúa la Ley 84/1.963 "... para ponerse en línea con los demás Patronatos...". Patronatos de ministerios como el de Interior y los demás civiles, recibieron todo tipo de ayudas y jamás les atacaron con la amenaza de desahucio a ningún otro Ministerio, excepto al de Defensa.

Normas por las que se construyeron las viviendas.

Ley 29/1963, de 5 de marzo "... para extender sus beneficios a los funcionarios en situación de reserva, jubilación o retiro..."

Ley 84/1963, de 8 de julio "Reorganiza el Patronato de Casas Militares del Ejército "para ponerse en línea con los demás Patronatos oficiales y acogerse a los beneficios de la construcción de viviendas en régimen de acceso a la propiedad...". Deliberadamente se repiten algunas normas para que quede constancia abundante de su vulneración.

Ley 50/1984, que suprime los Patronatos de ministerios civiles. Venta de viviendas civiles a sus Patronatos.

La indicada Ley que suprimió quince Patronatos de viviendas de diversos ministerios civiles, pero no el Patronato de Casas Militares del Ministerio de Defensa. El Real Decreto 2618/1985, en su artículo único publica que los ministerios civiles que se SUPRIMEN. Como aclaración, tenemos que la venta de las viviendas civiles a sus inquilinos se produjo según la Ley 50/1985 y la venta de las viviendas del INVIFAS tuvo lugar según la Ley 26/99, vendidas en 2004 pero, descalificadas para proceder a la venta en un 50% del valor del precio real de mercado.

El artículo ochenta y nueve de la ley indicada, punto 3 expresa: "Reglamentariamente se establecerá un sistema de créditos subvencionados para la adquisición de viviendas por los funcionarios civiles de la Administración del Estado". Los patronatos civiles, ministerios y otros organismos públicos vendieron las casas al amparo de las leyes de protección oficial que estaban calificadas y construidas como tales y de acuerdo a los baremos fijados para dichas viviendas

Intento de nombrar las viviendas militares de Apoyo Logístico.

Las viviendas que el INVIFAS pretende calificar como viviendas militares de Apoyo Logístico, tienen la calificación de Viviendas de Protección Oficial, Grupo Segundo. Fueron construidas al

De las viviendas militares se puede decir que fue una lucha en la que sólo se pretendía impedir el desahucio a los inquilinos que ocupaban sus casas legalmente y al mismo tiempo ampara que los funcionarios de la Administración Civil, que nunca fueron molestados, sino, todo lo contrario, protegidos, como si de los buenos y de los malos se tratara. Si algún día alguien estudia este asunto en profundidad, resultaría vergonzoso este trato tan discriminatorio. Debo hacer constar que a pesar de que este asunto no estaba en la competencia del JEME, D. Alfonso Pardo de Santayana puso de su parte todo para que las autoridades civiles suavizaran las gestiones y evitar el temido desahucio. Así fue y finalmente promulgaron la Ley 26/99, para que fueran vendidas a sus inquilinos.

3. Historia de los reyes y presidentes de Portugal

Introducción

Como resumen de la Historia del País vecino desde su comienzo, destacaron Juan IV, Alfonso I, Dionisio I, Tercera Dinastía con los Felipes I, II, III, Batalla de Aljubarrota en la que dirigía un general que se había preparado en Inglaterra. En la Batalla de Aljubarrota estuvo el Condestable Pereira como dirigente de primer orden.

INTRODUCCIÓN

El Condado de Portugal, que comprendía el territorio entre los ríos Miño y Mondego, debe su denominación de Portucalense, a que deriva de Portucale (del latín portus, porto, y Cale), Cale antigua población situada junto a la desembocadura del río Duero, donde está Vila Nova de Gaia, que dio origen al nombre de PORTUGAL.

El caballero Vímara Peres, reconquistó Portucale en 868, siendo su primer gobernador. Este territorio se extendió desde el río Miño hasta el Duero.

El rey Alfonso VI había contado con la leal y eficaz colaboración de dos caballeros franceses, con los que casó a sus dos hijas. Raimundo de Borgoña, con Urraca y Enrique de Borgoña, con su hija natural Teresa; estos matrimonios resultaron de enorme influencia en el futuro, ya que entronizaron a los borgoñeses en los reinos de Castilla y Portugal.

Desde 1096 hasta 1112, que falleció Enrique de Borgoña en Astorga, su objetivo fue continuar la política siguiente: por un lado, desarrollar una intensa actividad militar luchando al lado de su suegro en la defensa de Toledo; por otro lado, impedir el peligroso avance de las tropas almorávides en la frontera sur, próxima a la ciudad de Coimbra. Además, no descuidó la buena administración del Condado, como lo atestiguan las cartas forales que concedió a varias ciudades, entre otras, a Guimarães y más al sur, Sátão, Tentugal y Soure, cercanas a la frontera enemiga.

Tampoco se olvidó de la protección a iglesias y monasterios, apoyando a S. Geraldo, obispo de Braga; pactó con Diego Gelmírez, el poderoso arzobispo de Santiago de Compostela, para transformar Braga en Catedral metropolitana que le permitiera tener derechos sobre las diócesis de Oporto, Coimbra, Viseu y Lamego, protegiéndolas de la influencia de Santiago.

Teresa, que al fallecimiento de su esposo le sucedió, inicialmente siguió la misma línea política; pero pronto se dejó arrastrar por la ambición de los nobles gallegos, deseosos de reintegrar el Condado Portucalense en el territorio de Galicia. Empezó Teresa por proteger al conde Fernán Peres de Trava, que pronto ocupó cargos de relieve en su gobierno, lo que no agradó a los viejos barones portucalenses que temían peligrar la política autonómica desarrollada por el conde Enrique de Borgoña, y por ella apoyada.

Alfonso Henriques, su hijo, fuerza a los barones portucalenses, descendientes de las viejas y aristocráticas familias, en quienes buscó amigos y recibió servicios, siempre cautos al ver aumentar la influencia de León o de Galicia, sobre el reciente Condado Portucalense. En 1125, el joven Alfonso Henriques, se armó caballero en Zamora.

Figura en el libro *Historia de los reyes y presidentes de Portugal*. Pág. 9.

Historia de Portugal
Cronología

Primera dinastía de la Casa de Borgoña.

1143 Tratado de Zamora – Nacimiento del Reino de Portugal – Primer Rey, Don Afonso Henriques.

1249 Delimitación de las fronteras, que se han mantenido virtualmente sin modificación.

1308 Fundación de la Universidad de Coimbra.

1319 Creación de la Orden de Cristo, a continuación de la abolición de los Caballeros Templarios – Don Diniz, el Rey Poeta.

1355 Romance de D. Pedro y Doña Inês.

1383/85 Interregno y guerra con Castilla.

Segunda dinastía o de la Casa de Avis.

1385 Don João I, Maestre de Avis – Rey de Portugal.

1386/87 Firma del Tratado de Windsor con Inglaterra y matrimonio de Felipa de Lencastre con el Rey.

1418/19 Comienzo de la expansión marítima bajo la guía del Príncipe Enrique el Navegante. Descubrimiento de Madeira.

1427/32 Descubrimiento de las Açores.

1434/88 Expediciones marítimas a la costa de África: Cabo Bojador, Cabo Verde, Guinea, Sierra Leona, Benín, Zaire y Cabo de Buena Esperanza.

1497/98 Viaje marítimo de Vasco da Gama a India – Don Manuel I, Rey de Portugal.

1500 Pedro Álvares Cabral descubre Brasil.

1511 Llegada de los portugueses a Malaca y China.

1543 Llegada de los portugueses a Japón.

1572 Luís de Camões publica "Os Lusíadas" – el poema épico nacional.

Tercera Dinastía o de los Tres Felipes

1580 Felipe II de España sucede en el trono de Portugal después de la desaparición de Don Sebastião en Alcácerquibir en 1578. Su hijo y su nieto suceden a Felipe II como reyes.

Cuarta dinastía o la Casa de Bragança

1640 Restauración de la independencia – Don João IV, Duque de Bragança y Rey de Portugal.

1661 Matrimonio de Catarina de Bragança con Carlos II de Inglaterra.

1707 Comienzo del reinado de Don João V – Apogeo económico y artístico en Portugal – La época del barroco.

1755 Terremoto y comienzo de la reconstrucción de Lisboa – Don José, Rey, el Marqués de Pombal primer ministro hasta 1777.

1807/11 Invasiones napoleónicas.

1822 Primera constitución portuguesa bajo órdenes de Don João VI. Proclamación de la independencia de Brasil.

1867 Abolición de la pena capital.

1908/1910 Regicidio de Don Carlos. Implantación de la República.

1922 Primera travesía del Atlántico Sur en aeroplano por Gago Coutinho y Sacadura Cabral.

1932 Salazar ocupa el poder y se convierte en Primer Ministro.

1974 Golpe de Estado y establecimiento de la democracia. Comienzo de la descolonización africana.

1986 Portugal se incorpora a la Comunidad Europea.

1. Luís de Camões, Lisboa
2. Vasco da Gama, detalle, Museo Nacional de Arte Antiguo, Lisboa

4. Trayectoria de una vida

Resumen de lo que contiene el libro. En fundamental: al final el Apéndice Fotográfico y una agrupación de los cuatro puntos.

ÍNDICE, 4ª edición:

Página 9. Introducción.

Pág. 11. Cap. I. Vivencias de los primeros años de mi vida. Nacimiento en Cedillo año 1933; Tragedia de Casas Viejas; Gobierno Leroux; en 1936 Guerra Civil; en 1937 traslado a Monte Fidalgo; en 1938 Mercado de Cabras (Córdoba).

Pág. 17 Cap. II. Situaciones acaecidas en mi juventud. Regreso a Cedillo; Desembarco de Normandía en 1944; en 1945 Adolfo Hitler.

Pág. 21. Cap. III. Ingreso en el Ejército en el Regimiento de Artillería núm. 13 el día 2 de enero de 1952; al año ingresó mi hermano Pedro, que supuso un gran acierto en el desempeño de todos los trabajos durante los siete años siguientes. Pág. 39. Cap. IV. Actuaciones en otros aspectos militares que se indican.

Pág. 59. Cap. V. Extracto sobre la Memoria histórica, no se ajustó en nada a lo que había sucedido, publicada en normas sectarias.

Comidas de cumpleaños de los hermanos: Dionisio, Pedro y Alejandro

Primera parte: EN UN PRINCIPIO EN LA DEHESA

PRIMERO: EL QUE EMPEZÓ POR SER LA PRIMERA INVITACIÓN (nacimiento 16 febrero de 1933), fue DIONISIO. Consistía en celebrar la fecha de los cumpleaños a todos los hermanos, sus esposas y sus familias, sin tener en cuenta el número total desde un principio, el que empezó fue el mayor y después se continuaba sucesivamente, como así se hizo en los siguientes, con las invitaciones de DIONISIO y PEDRO, asistía toda la familia.

SEGUNDO: PEDRO (22 de abril de 1934 fue el siguiente, oportunamente cuando le correspondía toda su familia (hijos, nietos), de los otros dos hermanos invitados. El que invitaba abonaba oportunamente el importe del gasto de todos los asistentes (no había, como era lógico, ningún problema). Esto sucedió varios años.

LAS INVITACIONES DE TODA LA FAMILIA DIONISIO, PEDRO-MARUJA, ALEJANDRO-JOSEFINA A LA DEHESA, DURÓ EL CAMBIO DE INVITACIÓN, cuando ALEJANDRO nunca llegó a celebrar el cumpleaños entre toda la familia, sino que lo hacía de forma independiente, sólo con los suyos (padres, hijos y nietos y así se rompía la unión familiar que existía), después invitaba a los otros **dos hermanos a un café en casa por la tarde.**

TERCERO: ALEJANDRO. Aquí hubo un punto de inflexión en la norma familiar de reunión, que sosteníamos desde hacía varios años anteriores, los otros dos hermanos,

DIONISIO y PEDRO, a los que vosotros también asistías sin pagar un céntimo.

En el último cumpleaños, primero el día 10 (sábado por la tarde) de mayo, hubo invitación especial para Pedro y Dionisio para que fueran a tomar un café después, el 11 (domingo, al parecer era el verdadero cumpleaños solo para la familia). Pero el domingo que era realmente la celebración del CUMPLEAÑOS ya era solamente para el clan FAMILIAR. **FINALMENTE:** LOS DOS ÚLTIMOS CUMPLEAÑOS MÍOS LOS CELEBRAMOS EN UNA CAFETERÍA (Plaza Mariano de Cavia de Madrid). Asistimos DIONISIO, PEDRO Y SU ESPOSA MARUJA y ALEJANDRO Y SU ESPOSA JOSEFINA. Yolanda, que formaba parte legalmente, no pudo asistir.

1. Primera parte referente a Cedillo

Este escrito incluirá varios motivos de aislar a Dionisio y Pedro de Cedillo y de Perais, especialmente hace más de veinte años; también se incluyen otros asuntos para completar lo que ha unido siempre a Dionisio y Pedro con su pueblo de nacimiento, así como aislarlos especialmente de nuestros primos carnales de Perais, el que por su edad los citados hermanos disponían de coche que siempre su uso era común para los componentes de la familia, todo entraba en lo normal. Estaba la familia unida y a todas partes íbamos juntos padres y el hermano menor.

En Cedillo ha sucedido que cuando mi madre todavía era la dueña del piso que tenía y quería ir allí a pasar unos días con Alejandro a su propia casa, Josefina me dijo que no quería que mi madre fuera, porque ella iba a descansar, que me quedara yo con mi madre esos días en Madrid; así fue, nos quedamos juntos en mi casa, mis hijos, mi madre y yo, que había quedado viudo y con los hijos pendientes de mi atención para la comida y estudios. Afortunadamente eran ejemplo y los mayores de los primos. Era una gozada tener unos hijos tan sobresalientes en sus estudios y tan buenos como personas. Yo estaba orgulloso de ellos.

A partir de aquí y cuando ya habían heredado el piso de Cedillo que era de mi madre, tuvieron que transcurrir más de veinte años para que, tanto Pedro como Dionisio, prácticamente quedaran aislados de visitar su propio pueblo, cuando Alejandro con su vehículo iba con mucha frecuencia. Si existe alguna duda que se lo pregunten a José, a Francisca, a Manuela (aunque ya estaba en Bilbao viviendo), a Mariana (su vecina), y otras muchas personas de la familia que siempre deseaban que les visitaran (no lo hacíamos porque en esas dos largas décadas, jamás de forma seria se nos ofreció que le acompañáramos en su coche para visitar a nuestra familia, que siempre nos había unido amistad y deseo de saber unos de los otros).

2. Para conocer más completa la parte de Cedillo y de Perais, exponemos:

Primos de Perais. La familia que nos quedaban en la zona de Cebolais, Parais… eran hijos de María, la hermana mayor de mi padre e Iidio, Joaquim y Rui, hijos de Rosa, la hermana más joven de mi padres; todos ellos, siempre estuvieron muy unidos a Pedro y Dioniso, porque además de primos hermanos eran más jóvenes que nosotros y muy amigos además de primos. Estos familiares estaban en la zona portuguesa de Vila Velha de Rodão, cerca de Perais. Queda reflejado en las fotos y escritos que toda la amistad tuvo un principio de mucha unión porque los dos primos mayores, cuando disponían de vehículo, les hacían visitas con la frecuencia que tenían disponible para seguir manteniendo nuestra unión familiar y de amistad. El punto de inflexión está claro. Lo suyo es sólo de ellos y lo de los demás es también para su uso.

Todo cambió cuando nosotros ya no disponíamos de coche y quien empezaba a tenerlo era Alejandro. A partir de ese momento fueron apartadas las visitas directamente. Aquí una vez más sucedió que los mayores unían las familias conjuntamente sin distinguir edades y con el único fin de seguir siendo y estando unidos, los de España y los de Portugal, como lo demuestran los viajes hechos en distintas épocas. Especialmente citamos la realizada a Cebolais, Lisboa.

Las invitaciones se hacían a los hermanos, cuñadas, hijos y nietos, sin hacer ninguna excepción, siempre el que convidaba, como era natural, pagaba la cuenta del gasto de forma total. Incluía a todos los familiares independientemente del número de los de cada hermano.

3. Como simple nota, que indica una falta de atención hacia quien organiza:

Solo comentar que cuando se es invitado depende de él si puede asistir al acto o no, nunca poner condiciones de a qué hora y dónde se celebra, ni en qué lugar, eso corresponde a quien invita al acontecimiento.

4. YA 1990 y 2001 El Caldasón

Club Náutico en Cedillo publicado en el periódico *YA* en 1990 y también en *El Caldasón* en 2001. El Club Náutico se inauguró en 2008. Fue un éxito el tener barco haciendo turismo por el río Tajo y a lo largo del río portugués Ponsul (afluente del Tajo por la derecha). En los escritos que se citan se hace amplia explicación lo que supondría para beneficio de Cedillo el poner en funcionamiento este club, que atraería mucha gente para disfrutar de las laderas de los dos ríos y al mismo tiempo prolongar la visita a la ciudad de Castelo Branco que pertenece a la Beira Baixa. Lo raro de todo esto vendría después, cuando teniendo allí familia y habiendo nacido en Cedillo el autor de los citados escritos, se ha procurado ocultar el hecho real de quien tuvo la idea original de que eso sería bueno para el pueblo se llama Dionisio Piris Duro, que, después de muchos años, por motivos profesionales estuvo viviendo fuera de Cedillo, pero que tiene interés saber que, a pesar de su ausencia, no se olvidó de su lugar de nacimiento y que dieciocho años después se inauguró el deseado Club Náutico para disfrute de los amantes de navegar por los ríos Tajo y Ponsul, deleitándose con los bellos paisajes.

Lo que me parece insólito es que se haya ocultado de forma intencionada el origen de la idea, porque muchas personas que conozco han disfrutado del buen paseo y no me han dicho absolutamente nada. ¿Tiene eso alguna razón? Que me la expliquen.

En los mismos escritos y en otros del mismo autor, además de tratar sobre el Club Náutico, también se hace hincapié en la necesidad de la construcción de un puente internacional, para que no permanezcan aislados los pueblos que habitan a un lado y a otro del río Tajo y del río Sever, desde que el mundo es mundo y que para visitarse deben desplazarse más de cien kilómetros por carretera (no señalo más porque en el escrito 2001 se indican los recorridos).

Desde hace unos años ya se está intentando construir el dichoso puente, para unir el pueblo español de Cedillo y el portugués Montalvão. Da la casualidad de que este puente en la desembocadura del río Sever es estratégicamente muy útil, porque desde Cedillo (Cáceres, España) une Alentejo y continuando por Vila Velha de Ródão entra en Beira Baixa, lo que implica una buena gestión para unir quienes estaban separados desde antaño. Solamente me enteré de la construcción del puente por la prensa, quienes han sabido algo con anterioridad jamás se les ha ocurrido nada sobre este asunto tan importante.

Las personas que, por motivos familiares y visitas, han estado al corriente nunca han hecho partícipe de esas noticias trascendentes y novedosas a esta humilde persona, que ha nacido en Cedillo y que tuvo la idea de, a pesar de su ausencia, pensar en poder aportar algo que beneficiara a su pueblo donde nació en 1933.

Me entristeció mucho saber que un hermano mío estaba al corriente de que habían fallecido nuestros primos, Joaquim y después el primo Rui, yendo a llevarle flores a Perais, y a Pedro y a mí se nos ocultó siempre cualquier acto de condolencia. Se nos consideró en todo momento como ajenos a sentir y expresar ningún dolor. Estábamos marginados como familiares y no debíamos participar en ningún momento de cercanía a nuestros primos con los que toda nuestra vida habíamos tenido una excelente relación de alegría, cuando íbamos los tíos y primos que vivíamos en España a compartir unos momentos estupendos con nuestra familia portuguesa, por eso yo escribí artículos para que se pusiera en funcionamiento un Club Náutico y que se construyera un puente internacional que uniera Cedillo y Montalváo. Tanto uno como el otro están llegando a la realidad propuesta en los escritos.

5. 100 militares españoles que intervinieron en la historia de su pueblo

Introducción

Sirve de resumen somero. Como es lógico estos 100 militares tienen sobrada razón para figurar como modelo de valentía, honradez y con un espíritu demostrado. No solo son los que contienen los que existen, sino que debo añadir a Ricardo Pardo Zancada, porque también reúne todas las condiciones de los anteriores relacionados. No olvidemos que Armada, Milán del Bosch, eran hombres de la máxima confianza del rey, y que los demás eran hombres que todo su empeño era dar un giro que mejorara el caos que reinaba en ese momento con las frecuentes muertes de militares y civiles en nuestra nación.

El año 1808 fue al mismo tiempo triste por la invasión francesa en nuestra tierra, pero de gran esperanza por ver cómo los españoles supieron con coraje vencer a los franceses después de unos años de unión, especialmente hasta el año 14. Napoleón se equivocó porque creía que le iba a ser fácil, primero tomar Portugal y después España. Fue realmente una lección histórica que los españoles han sabido luchar con coraje, valentía al pueblo que se creía el dueño de Europa. Todo el puedo tuvo un gran espíritu. Los capitanes de Artillería Daoiz y Velarde fueron la punta del coraje unidos también al teniente de Infantería Jacinto Ruiz.

España había demostrado siempre un gran valor a lo largo de su historia, con el descubrimiento de América, con la invasión de los moros que empezó el año 711 y tuvo su final en año 1492, después de terribles batallas como la de Las Navas de Tolosa en 1212…

Podemos citar uno por uno los CIEN que se incluyen; con decir que los DIEZ primeros son buenos representantes de su valentía, honradez, y que podemos igualmente ir citando a continuación otros grupos de la misma cantidad y así pasamos por: Weyler, Yagüe, Piris Berrocal (legionario empeñado en la lucha toda su vida), Juan de Austria, Varela, Duque de Alba, Gonzalo Fernández de Córdoba (El Gran Capitán), Muñoz Grande, Espartero, Mola, Sanjurjo, Prim, Castaños, Martínez Campos, Serrano, Francisco Franco, Millán Astray…

Lo aconsejable es con el libro a la vista ir repasando todos los componentes de los héroes que forman los cien.

Aquí aparecen el cura Jerónimo Merino Cob, más conocido como el cura Merino, y el cura Juan Martín Díaz, conocido como el Empecinado.

6. Origen, trabajo y desarrollo del hombre en la Tierra

Introducción

Este libro se sale del estilo de los anteriores y trata de una visión mundial. Representada en edificios milenarios que los seres humanos construyeron a lo largo de muchos siglos, sin tener aquellos medios necesarios, ni elementales conocimientos de construcción; grandes aventuras llevadas a cabo en elementales barcos a lugares desconocidos del continente americano en los términos de la extensión; descubrimiento de la imprenta que supuso un adelanto cultural.

Prólogo de la segunda edición

Origen. Evolución del hombre en la tierra. El origen y transformación del hombre sobre la Tierra. El origen del hombre referido al comienzo de la especie humana actual remite a dos teorías diferentes. En la antigüedad, y durante la mayor parte de la de la historia de la humanidad, la visión mítica y religiosa ha sido más aceptada y convincente, en la actualidad está en constante estudio la ciencia, basada especialmente, en los fósiles. Se exponen a continuación el Creacionismo y el Evolucionismo:

-Creacionismo. Día 6. Dios creó todas las criaturas que viven en la tierra firme. (Pág. 15 del libro).

-Evolucionismo. (Pág. 17 del libro). Teoría de la evolución de Darwin: por qué es incorrecto decir «descendientes de los monos». En los humanos modernos, la especie *Homo sapiens* no evolucionó de los monos, sino que comparte un ancestro común con ellos. El linaje de primates «comienza su historia evolutiva hace siete millones de años».

Trabajos realizados por el hombre durante su estancia en el planeta: Navas de Tolosa 1212, Lepanto, imprenta, grandes luchas que enfrentaron a los hombres con las armas, bien para conseguir dominios o lograr avances culturales

-Desarrollo. Grandes civilizaciones desaparecidas, las primeras ciudades. Breve resumen de los hechos construidos a lo largo de la historia.

Crónica del siglo xx. Desde 1 de enero de 1900 a 31 de diciembre de 2000. Sirve para ver que el hombre siempre estuvo en movimiento en todos los siglos en que vivía.

7. Exposición de acontecimientos que tuvo en su vida Manuel Piris Nunes

Introducción

Lo que sobresale del valor de mi padre es que, después del grave accidente, con tesón y constancia construyó una planta en el piso que tenía en Cedillo, y también que sin ser carpintero construyó un barco que le sirvió muchos años con eficacia y con él pudo alimentar a su familia. Además de la construcción de las redes.

Después de un terrible accidente y además de los muchos injertos y varios años de operaciones, se debe destacar que mi padre se haya atrevido a realizar una obra en el piso que tenía en Cedillo. Yo me atrevo a ponerlo a un espíritu parecido al de D. Justo Gallego Martínez, que construyó LA CATEDRAL DE LA FE, sin previamente ningún conocimiento. Sólo me atrevo a decir que cada uno puso su esfuerzo ingente guiado por un espíritu sobrenatural. En el caso del que construyó la catedral tenía como primer fin el cristiano y, en el otro, afán a superarse hasta el extremo. Recientemente ha aparecido un rumor de que el padre Ángel tiene la idea de construir una mezquita dentro de la Catedral de LA FE que la finalidad del autor fue siempre plenamente dedicar su esfuerzo de 70 años a su fe profunda que era lo religioso.

Esta INTRODUCCIÓN, está en el libro *Exposición de Acontecimientos que tuvo mi padre durante su vida* pág. 11 de la 1ª edición. Es como un resumen de primera vista.

Ocupado en el duro trabajo de pescador a partir del año 1937, a su regreso de Portugal tuvo la necesidad de un ayudante, que recayó sobre su hijo mayor, desde la edad de 11 a los 18 años, porque así lo requería la forma de poder faenar con un barco en el caudaloso río Tajo, que él mismo construyó con la ayuda de un carpintero que le cortaba las tablas, según medida requerida.

Su fortaleza y habilidad, siempre demostradas, suponían realizar los trabajos eficazmente, para poder vivir de la pesca, que a su vez era un alivio para los ciudadanos en aquella época, se dedicaba a atender y confeccionar las redes, además construyó un barco, que es el que figura en la portada.

Cuando ya no disponía de la ayuda de sus hijos, se trasladó a Madrid y se colocó en una empresa donde realizaba servicios en Hidroeléctrica Española, poniéndose al corriente en sus trabajos de forma eficiente y estaba ya considerado como un experto, hasta que por una mal entendida indicación de su compañero el perito tuvo un terrible accidente de una descarga eléctrica de 15 000 voltios, de las que sólo el 2 % se libran de la muerte.

Como es sabido, después de una convalecencia larga y delicada, supo dedicar un esfuerzo poco común en la mayoría de los seres humanos, a levantar una planta en la casa que tenía en Cedillo, la realizó en todos los trabajos: albañilería, fontanería, carpintería y electricidad, sin que haya tenido

ta fotografía es un homenaje a Cedillo, que en su ESCUDO, figurar
arco y el Río. La Virgen de Fátima es todo un símbolo. En el Barco
Sacerdote, el Alcalde, el Secretario y otras personas que completan
quito de la gira por el internacional río Tajo próximo a la desemboca
l río Sever; el que va remando es Manuel Piris Núñez, dueño del ba
e ha surcado las aguas revueltas y crecidas en las noches oscuras y
l invierno y en los calurosos veranos, siempre con maestría insupera

Una boda

En la iglesia parroquial y a las
nueve de la mañana del día 21 del
corriente se celebró el enlace matri-
monial del joven Manuel Pirio Núñez con la señorita Manuela Duró
Tomás al que asistieron numerosos
invitados, en su mayor parte del vecino reino de Portugal, cuyos nombres no damos por temor a incurrir
en alguna omisión.

Actuaron como testigos: don Julio
Rosa y don Manuel Negrito.

Terminada a ceremonia religiosa
trasladáronse todos a la casa de los
novios donde fueron obsequiados
con puros, vino, dulces y licores.

Se sirvieron dos espléndidas comidas, una por la mañana y otra por
la tarde, en las cuales cundió la ani-
mación del elemento joven y los de-
votos de Baco ofrecieron (pero sin
traspasarse) un rendido homenaje a
su ídolo.

Reciban los nuevos esposos nuestra cordial felicitación.

Viajes de padres e hijos

Estos viajes quedan relacionados al completo en el libro *Exposición de acontecimientos que tuvo en su vida Manuel Pires Nunes.*

Cuando yo tenía coche. Íbamos siempre padres y hermanos a visitar a nuestros parientes que vivían en Portugal.

Foto I:

Esta foto fue hecha en el verano de 1968 durante un viaje que hicimos a Portugal. En ella estamos: los dos hermanos, Manuel y Antonio, Alejandro, la hija de Joaquim, Joaquim (hermano de Otilia), nuestra madre, la esposa de Helder, Manoli y detrás está el primo Helder. Este viaje fue toda una aventura con el vehículo que yo tenía.

Estuvimos en casa de tía María en Cebolais, todos debidamente atendidos, después continuamos la ruta por Perais y seguimos hasta Lisboa, aquí todos nos quedamos en casa de la prima Otilia, nunca puede ponderarse la acogida tan hermosa que allí tuvimos en todos los aspectos. En su casa nos acoplamos todos, con la magnífica ayuda del matrimonio, Otilia y su esposo Manuel. Debo decir que este recibimiento tan generoso dejó constancia en mi agradecimiento para toda la vida. También debo decir que al día siguiente nació una preciosa niña, como si fuese un regalo de la providencia. Recibió el nombre de Catarina Maria Valente Antunes Marques, que fue una auténtica bendición para sus padres, por su bondad, su cariño, su apoyo. ¡Toda una suerte!

Es curioso y de gran interés que, a pesar de que hayan pasado tantos años, hayamos podido conservarlas para la alegría de los que todavía vivimos y el entrañable recuerdo de los que desgraciadamente ya han fallecido (para ellos nuestro respeto acompañado de su eterno recuerdo).

Foto II:

En esta foto, también hecha en Lisboa en casa de tío Antonio, estamos: delante Pedro y Ricardo, detrás Helder apoyando a su padre, tía María, Dionisio, Paula y el otro hijo de Helder. Tío Antonio ya se encontraba algo delicado, por eso recibe un cariño especial de su hijo.

Foto III:

Al final, cuando el único que disponía de coche era Alejandro. En el viaje que hicimos después de asistir a la boda de la hija del primo Joaquim en Castelo Branco. En el viaje hasta Madrid, veníamos Alejandro conduciendo, Carlos y César sentados detrás y Dionisio al lado del conductor. Debe quedar constancia de que el viaje fue muy desagradable, porque el conductor no nos habló nada durante todo el regreso hasta Madrid, siempre con aspecto de estar enfadado.

Esta es la foto que rompe la costumbre de realizar viajes a la familia que tanto queremos en Portugal. En ella estamos delante: Dionisio, Rui, Ilidio y Joaquim; detrás, Alejandro, Pedro y Antonio.

En la foto que estamos en la boda de la hija de nuestro querido primo Joaquim que siempre recordaremos con todo el cariño que siempre le hemos tenido. Sólo siendo que supuso el punto de inflexión de una relación que era buena y de muchos años anteriores.

Esta fotografía es importante porque fue la última que nos hicimos durante la boda de la hija del primo Joaquim en Castelo Branco. La clasificamos como recuerdo, figura en el libro dedicado a mi padre, existe una relación de otras de diferentes momentos.

A mediados de agosto de 2025 ha fallecido nuestro primo Antonio Pires Belo, que figura en la foto hecha en Castelo Branco. Yo estuve con él, para entregarle el libro que escribí sobre su tío Manuel, y aunque estaba algo delicado, quedó muy contento y estuvimos con él gracias a que mi hijo Alberto, en un viaje que hicimos desde Cáceres a Castelo Branco. Fue un viaje rápido y de gran interés, para poder visitar a los primos Ilidio y Antonio (ahora los dos ya han fallecido, pero el recuerdo fue muy entrañable). A Ilidio le entregué los libros para los que ya habían fallecido: Rui y Joaquim. El primo Ilidio también murió poco tiempo después. Pero queda la hazaña de hacer ese largo viaje para visitar a los primos y darles el libro de su tío Manuel.

Esta foto figura en la pág. núm. 40 del libro dedicado como homenaje a mi padre.

En el libro que estamos señalando también en las páginas números 42 y 43 (con el nombre de Foto V y Foto VI), tenemos dos fotografías que encierran una unión de gran afecto:

Por un lado, estamos los primos de Perais. Hecha en una breve visita en casa de Ilidio y Joaquim. Fue una improvisada reunión, llena de alegría, posible gracias a que Alberto con su vehículo me llevó desde Cáceres, Cebolais, Perais y seguimos hasta Lisboa.

La foto VI de la pág. 43 tiene un gran significado para mí, porque Otilia, su esposo Manuel y su hija Catarina siempre nos han acogido con toda la dignidad de personas buenas y educadas hasta el máximo. Otilia, prima hermana de mi padre, y es la única que queda todavía bastante bien. Nació cuando yo tenía 5 años en Monte Fidalgo.

Para más detalle en la página núm. 53 del libro *Exposición de acontecimientos que tuvo en su vida Manuel Pires Nunes* hasta la página núm. 72, se relacionan gran parte de las fotos familiares para deleite de quieren les siguen queriendo y recordando como estimamos que se merecen.

Otros textos

ALJUBARROTA. Ocurrió el 14 de agosto de 1385 entre las localidades de Leiria y Alcobaza en el centro de Portugal, fue un capítulo final de una pugna entre dos Casas Reales, y un hito en la historia de Portugal el conflicto de Castilla y Portugal ascendía al trono de Castilla, Pedro I, que pertenecía a la Casa de Borgoña. Una dinastía que llevaba gobernando en Portugal desde 1385 hasta 1578.

Conflictos de sucesión. Fue una serie de enfrentamientos entre Portugal y Castilla. El rey portugués era Alfonso V que se casó con Juana La Beltraneja, sobrina de Isabel de Castilla. La guerra civil consistía en que Juana e Isabel pretendían ocupar el trono de Castilla, con el fin de unir España y Portugal en un mismo trono. Tratado de Alcovazas. La batlla principal fue la de Toro. Isabel triunfó y fue la reina de Castilla.

BATALLA ALCÁNTARA, el 25 de agosto de 1580, fue una victoria del ejército español, con portugueses leales, comandada por Fernando Álvarez de Toledo y Pimentel, III duque de Alba.

Manuel I de Avís El Afortunado, que sucedió en el trono de Portugal a su primo Juan II en 1495. Grandes logros durante su reinado fueron: el descubrimiento de la ruta marítima Atlántica, hacia la India por Vasco Gamma en 1498, el Descubrimiento del Brasil por Pedro Álvares 1500 y la aseguración para Portugal por parte del Almirante Alfonso Alburquerque entre 1504 y 1511.

Reyes católicos. Matrimonio con la infanta de Aragón y Castilla 1497, princesa viuda de Portugal, supuso retomar la idea medieval de casarse con una hija de los Reyes Católicos para la unificación de la Península Ibérica bajo una misma persona, ya que se debía heredar el trono de Castilla y Aragón. Volvió a casarse con otra hija de los Reyes Católicos, María de Aragón.

TIERRA SANTA (ISRAEL)

REGIONES PRINCIPALES

Al norte GALILEA, más rica es agua y fértil; donde predominan los cereales, con las ciudades de Nazaret y Tiberiades.

SAMARIA en el centro, más epropiada para el cultivo, especialmente de olivo, las ciudades máas importantes son: Nablus y Tubas.

JUDEA en el sur, árida, pedregosa, desértica; aquí se hallan las ciudades más relevantes que son: JERUSALÉN, Jericó, BELEM y Hebrón.

Al oeste, a lo largo de la costa mediaterránea, están: Jafa, Tel-Aviv, Haifa y Acre. Paralelamente al Meditarráneo se extiende la llanura de Sharón.

En el interior es característica la zona árida del Desierto de JUDEA, que se extiende al este de la línea Hebrón-Belem-Jerusalem y va a caer al valle de Jericó y del Mar Muerto.

El Mar Muerto, además de por su excepcional salinidad (24-26%) se caracteriza porque sus aguas se encuentran a 391 m. bajo el nivel del Mediterráneo, constituyendo la depresión habitada más profunda del mundo.

El Lago de Tiberíades que se encuentra a 212 m bajo el nivel de Mediterráneo, con sus aguas dulces y abundantes en pesca. En sus aguas y proximidades tuvieron lugar la mayor parte de los milagros de Jesús.

RESUMEN HISTÓRICO

Situada entre los grandes imperios y civilizaciones de Egipto al suroeste y de los Ario-babilonios al noreste, ha sido a menudo campo de encuentros militares, tierra de botín y, en los tiempos pacíficos, vía de intercambio comercial entre las regiones orientales del interior y las costas mediterráneas.

La presencia del pueblo hebreo, desde los tiempos de Abraham (1900-1800 a.C.) dio carácter a estas tierras, a pesar de los continuos contrstes, antiguos y modernos.

Se puede condensar en el siguiente cuadro:

*Del 3000 al 1200 a.C. período cananeo y amorreo.

*1200-445 a.C. período hebreo, con la conquista de Canaán.

*332-63 a.C., breve periodo helenístico con la conquista de Alejandro Magno.

*63- 395 d.C., periodo romano y comienzo del primer periodop cristiano.

Surge el CRISTIANISMO con el nacimiento de Cristo en Belén, por la caída de Jerusalén en año 70 d.C. y la consiguiente dispersión del pueblo judío. por la presencia de la potencia romana en Oriente seguida después de la bizantina.

*636-1099, comienza el periodo árabe masulmán, interrumpido por el período cruzado.

*1200-1516, período e los mamelucos de Egipto.

*1516-1917, período turno u Otomano.

*1917-1947, Mando británico.

*1948-..., período actual, con el retorno del puebro hebreo a Palestina. Período de gran convulsión histórica y ética del Tierra Santa.

No voy a exponer, como sería lo correcto, la vida ejemplar de mi hermano, porque excedería al volumen de que dispongo, que las circunstancias por edades nos corresponde compartir: siete años en Monte Fidalgo compartiendo Colegio y vivencias juveniles con los demás jóvenes del pueblo

De los once a los dieciocho años los dos hermanos hemos estado tenido ocupaciones distintas, en parte, Pedro más ocupado en las tareas amplias de casa ayudando a nuestra madre en todo lo que fuera necesario, como colaborando en la venta de los peces. Dionisio, fue designado, como mayor a hacer de ayudante en los trabajos de pescador, donde eran necesarias dos personas.

De lo que tengo el deber de indica es de los siete años que estuvimos Pedro y yo, destinados en el Regimiento de Artillería núm. 13, y dentro de él en la Subayudantía donde ya estaba el hermano mayor desde su ingreso un año antes. Pedro ingresó en 1953.

Al ingresar Pedro me habían trasladado de la Caja de la Unidad a Subayudantía que mandaba el Teniente Arribas y aquí todo ha cambiado desde que querían colocar a mi hermano en un buen destino, intervine yo rechazando ese ofrecimiento y diciendo que mi heermano, recién llegado, no deseaba comodidad, sino ocupación donde debia aprender para logar ascensos y orientar su vida hacia obtener mejor formación.

Conseguí que se uniera a trabajar también en Subayudantía, y mi acierto fue de lo más acertado, porque estuvimos los dos conjuntamente de una forma tan eficaz demuestra que de los siete años que unimos los esfuerzos estuvimos llevando adelante las complejas misiones que debíamos llevar a cabo, además de realizar otros servicios propios de los empleos que iban alcanzando. Siendo cabos, por ser voluntarios, nos concedieron que hiciéramos servicio de Semana habilitados para el empleo de Sargento.

De todo lo que realizábamos los dos hermanos compartiendo las ocupaciones era de un enorme interés en la organización de las ocupaciones del Regimiento: Suministros de pan para la tropa, leña para la Cocina, acondicionar unidades para recibir a las tropas que debían asistir a Desfiles y que venían de Unidades de la Primera Región Militar y que necesitaban ser recibidos y atendidos en todo lo que fuera necesarios. Nunca hubo diferencia en quien debía resolver los trabajos. Lo importante era actuar para que todo fuera acondicionado, para la buena marcha del funcionamiento de la Unidad y todo era posible gracias al espíritu de la unión el esfuerzo conjuntamente para logar el mejor logro en las misiones a desempeñar. El objetivo era el mismo de los dos hermanos que teníamos encomendado. Nunca hubo protagonismo en querer aparentar quien hacía más ni quien hacía mejor, sino armonía y deseo conjuntamente en que se lograra conjuntamente lo mejor posible, ese era el objetivo que en mi opinión marcó para el futuro la mejor época de mi larga vida militar destinado en varias unidades. Pero en el fondo de mi alma quedan como ejemplo esos siete años de plena disciplina y mucho trabajo, pueden servir que es la base de que logra siempre el bien común.

Dionisió Piris

Este Cuaderno tiene la intención de que sea DEDICADO a PEDRO PIRIS DURO, para recordarle que su personalidad serena, eficaz, instructiva, y de gran apoyo siempre a los demás en todos los campos, desde la humildad y la paz, no se nos olvida nunca.

8.- Pedro y Dionisio con equipo de salto.

En esta foto estamos Pedro yo con el equipo de salto, en el curso que finalizó con la obtención de los correspondientes diplomas de Paracaidista, según fecha 13 de junio de 1959 (DO núm. 131).
El equipo de salto en aquellos años constaba como se puede apreciar de la chichonera, de dos paracaídas, uno en la espalda, que era el principal y otro en el pecho para caso de fallo del primero, en la muñeca una navaja especial para usar en caso de emergencia, unas rodilleras, las botas especiales que aún conservo y están en perfecto estado.
Todo ello con el uniforme especial de salto.

Prólogo de tu hermano Dionisio, que tuvo la suerte de compartir, profesionalmente, los más eficaces 7 años de mi larga vida militar, en la que crucé variadas situaciones en todos los campos militares.

Esta foto la incluimos porque fue uno de los pasos más importantes en querer aprender lo más avanzado en aquella época en el Ejército Español y dentro de él que era el primer curso para artillería. Se habían hecho en Argentina, en el Ejército del Aire y en el Arma de Infantería.

La foto superior es importante porque en ella están mis padres, Maruja y Manuel y como símbolo de ALEGRÍA ESTÁ YOLANDA (la mayor de los nietos).

Estamos el más alto Dionisio y a su lado Pedro que toda su vida le siguió acompañando, siempre con dignidad y formalidad. Estos dos pequeños ya tenemos 91 y 92 años en junio de 2025.

Puntos de interés durante mi vida que interesa saber:

1. 4 años en Cedillo de **1933 a 1937**.

2. 7 años en Monte Fidalgo (Portugal) de **1937 a 1944**.

3. 8 años en Cedillo de nuevo de los once años a los diecinueve de **1944 a 1952**.

4. Ingreso en el Regto. de Artª. núm. 13 el año **1952**.

5. 7 años en Getafe de los 19 años a los 26 (**1952-1959**).

6. 5 años, del **1962 a 1967**, en la Academia Militar.

7. 1968 matrimonio, con 35 años, Manoli, 24.

8. 2 años en el Regto. de Artª. núm. 18, en Murcia.

9. 1968, día 26 de diciembre, nacimiento de Mª Yolanda.

10. Año 1970 destinado a la Subsecretaría del Ejército (FCAG).

11. Año **1970**, día 27 de agosto, nacimiento de Alberto.

12. 50 años en Madrid, desde el año **1970 al 2024**.

*Regimiento de Artillería núm. 18, año 67. Murcia año 1969.

*Regimiento de Artillería núm. 71, año 76. Campamento: Juez, abogado defensor, mando de la Batería de Servicios.

*Subsecretaría del Ejército de Tierra, año 69, 2º jefe del Gabinete.

*Estado Mayor del Ejército, año 79. Jefe del Gabinete Criptográfico (Cifra), funciones docentes.

11-18 años. **Pescador** ayudando a mi padre. La mejor época de mi vida, aunque de gran riesgo y dedicación.

18-70 años. **Militar.** Abogado, juez, Mando Batería.

70-actualidad. **Escritor**. Defensa desahucio viviendas militares.

Esquema de las fases de mi vida

1. Vivencia en Monte Fidalgo (Portugal) (1937-1945)

Viaje a EE. UU. Siendo la mayor María, hermana de mi padre, mi abuelo realizó un viaje a EE. UU. Sus suegros, JOAQUIM VALENTE y MARIA PIRES, en el barrio La Capela, construyeron una vivienda para cada uno de los 5 hijos que estaban solteros y compró una casa para cada uno de los otros tres. Todo esto está escrito en el libro *Exposición…* para que quede en el recuerdo.

2. De nuevo en Cedillo (1945-1959)

Desde el 1944 hasta 1959 estuvimos domiciliados en Cedillo, y todo cambió, porque ya no teníamos el Comercio y hubo que tener otra forma de vida para salir adelante… es muy amplia la explicación de la vida desarrollada en las funciones del río Tajo, como ayudante de mi padre, en el manejo del barco y de las redes.

Asistimos Pedro y yo al colegio del pueblo desde el año 1937 al 1945, fue una temporada muy provechosa en nuestra vida, tanto en la acogida como en la enseñanza. También tuvimos una gran ayuda de los abuelos paternos a nuestra llegada a Monte Fidalgo, porque nos donaron un gran huerto con árboles frutales y hortalizas y una fuente de agua potable, para que pudiéramos vivir mejor en la nueva situación.

3. Estancia en el Regimiento núm. 13

El día uno de enero de 1951 ingresé en el indicado Regimiento, que me destinaron a la Oficina de Caja donde su jefe era el capitán Sánchez y de 2º jefe el teniente Gerardo Arribas Sanz, así fue el principio de la llegada al Regimiento, destino de paso porque a lo seis meses el teniente Arribas se hizo cargo de Subayudantía, yo ya era cabo y me llevó con él a ese importante cometido con un amplio campo de acción por los diversos trabajos que debía desempeñar.

Al año siguiente ingresó en el mismo Regimiento mi hermano Pedro, que era un año menor que yo. Tuve la suerte de conseguir que se incorporara en el mismo destino que yo estaba desempeñando. Conviene dejar claro que ese destino en Subayudantía iba unido a otros cometidos como la instrucción pie a tierra, así como la instrucción y tiro con las piezas 105/30, 105/26 y finalmente con las autopropulsadas recibidas de los EE. UU. pero como todo estaba muy bien organizado dentro de un orden disciplinado y en un ambiente a plena satisfacción, había tiempo suficiente para realizar los cometidos con alegría de poder cumplir las misiones encomendadas.

El trabajo principal en Subayudantía consistía de diferentes campos: suministros de pan para la tropa del Regimiento, la leña para la cocina, atender a todo lo que se necesitaba para recibir a las unidades que se hospedaban en nuestros locales hasta los desfiles donde debían actuar, con literas, mantas, banquillos… y alimentación.

Debo dejar constancia de que estos años, donde estuvimos destinados los dos hermanos unidos a llevar las ocupaciones, se realizó de forma adecuada y puntual solvencia, durante todo el tiempo unidos a los trabajos, teníamos la formación personal, donde pasamos de cabo a cabo primero y al empleo de sargento, que fue con el que pasamos destinados a la Escuela de Aplicación y Tiro de Artillería (Fuencarral), que ponía punto final a nuestra etapa en el Regimiento de Artillería núm. 13 (Getafe). Esta fase de mi vida quedó impresa en mi sentimiento como ejemplar por la disciplina, la colaboración y en el trabajo siempre hecho en un ambiente general de bien dirigido y organizado por los mandos de quien dependían las instrucciones. En lo sucesivo de toda mi vida militar recuerdo con admiración que fue el tiempo donde tuve mayor esfuerzo, trabajo e interés consciente de que lo estaba haciendo lo mejor que debía y que su fin era beneficioso para el conjunto. Siempre había espíritu de compañerismo y alegría en el conjunto, como consecuencia de la buena armonía realizando los hechos adecuadamente. Quizá pudo haber influido que fue un momento de transición favorable en el bienestar de avance tecnológico en las armas y apoyos recibidos del exterior y realizados en los acuartelamientos, como cursos de conductor, fontaneros, clases culturales a los soldados, de electricistas...

Me permito dejar escritos algunos nombres de las autoridades que han intervenido más directamente sobre la instrucción, y el ambiente general del Regimiento: Tcol. mayor Félix Pérez Fajardo, comandante jefe de Grupo Mariano Barrena Gómez, comandante ayudante Mariano Martín, capitán Bienvenido Martín del Prado, capitán Ruano, teniente Arribas, teniente Baraibar, teniente Cea, que fue eficaz en la gimnasia. El personal que señalo tenía un don especial en su espíritu de dedicación por su dote de mando, como por su eficacia y empeño en hacerlo correctamente, para que repercutiera en la buena marcha general de su Regimiento y directamente del personal que estaba a sus órdenes.

Este fue mi primer destino, Regimiento de Artillería núm. 13 donde ingresé y donde estuve acompañado de mi hermano Pedro, que ingresó también en el mismo Regimiento el año 1953, y donde estuvimos los dos hasta ser destinados a la Escuela de Aplicación y Tiro de Artillería siete años después. Todo este tiempo estuvimos en Subayudantía, este fue un gran acierto porque con la máxima eficacia de realizar todos los trabajos con interés, espíritu de trabajo incansable, con inteligencia y deseo de lograr todo lo mejor posible. Fue el mejor compañero de trabajo que tuve en toda mi vida militar.

4. Estuve posteriormente en las siguientes unidades:

Escuela de Aplicación y Tiro de Artillería. El primer año que estuve destinado en la escuela, directamente del Regimiento núm. 13, me encargaron de la instrucción del grupo de reclutas que se habían incorporado como voluntarios, fue para mí muy útil porque había hecho el curso de paracaidista y procedía de un Regimiento de alto nivel en la formación, lo que me resultó interesante de ese cometido. Al cumplirse 50 años de la instrucción y la gimnasia, los que habían sido reclutas se reunieron para celebrar esa fecha, lo hicieron solicitando al coronel del Regimiento reunirse en el cuartel con el comandante Piris, que había sido su Instructor. Concedido por el coronel, que nos recibió a los que habían estado allí CINCUENTA años antes con quien les había instruido. Nos acompañó el jefe por el cuartel y nos invitó. Nos autorizó que asistiéramos también unos días después a la celebración de la Patrona de Artillería para completar nuestro deseo. Hemos quedado muy agradecidos por toda la atención recibida.

Academia Militar. Ingresé con la promoción 21, en la Academia Auxiliar Militar (Villaverde). Primer curso bien. En Segundo curso, según nos informaron el problema que existía era que había más profesores que alumnos, por lo que se aconsejaba que hubiera muchos repetidores. Así ocurrió. Al incorporarme a la Academia Especial (Segovia), el panorama se presentaba algo complicado para los procedentes de Villaverde: por un lado, unos DIEZ años más de edad, la preparación había tenido distinto enfoque desde el principio, por lo que el porvenir estaba complicado, había que ponerse seriamente cara al futuro. En mi caso veía favorable una salida que me evitara alargar el tiempo, y recurrir a otro medio distinto. Este caso sólo existía en Segovia y Burgos, porque todos los de Villaverde pasaban sin problemas en la Academia de Infantería (Toledo).

Regimiento de Artillería núm. 18. Mando de línea de piezas. Para transportar las piezas debíamos hacer con un vehículo, cuatro viajes, uno para llevar a cada pieza, a unos 5 o 6 km. Mandé una patrulla de tiro, que fuimos los primeros de la Tercera Región Militar, delante de la Unidad de Paracaidistas. Regimiento en Cuadro (poca instrucción).

Subsecretaría de Defensa. Mando General Monje Rodríguez. Segundo mando del F. C. A. G. En varias ocasiones tuve que sustituir al comandante jefe del Gabinete. Este destino para mí suponía una auténtica novedad, pero me resultó muy útil por realizar asuntos nuevos que eran de gran interés. Fue eficaz este destino, aunque era nuevo para mí. Publiqué 2 artículos, uno en la *Revista Ejército* con el título «Fondo Central de Atenciones generales» y otro en la *Revista Guión*, con el título «Disciplina», ambos en el año 1970. Mi motivación estaba más en el ambiente de instrucción, pero me resultó de interés aprender cosas nuevas de ámbito administrativo.

Regimiento de Artillería núm. 71. Mando de la Batería de Servicios. Inspector del almacén de víveres y del almacén de vestuarios. Curso de bibliotecario realizado en el Castillo de La Mota, juez y defensor en varias causas. Poca actividad en instrucción y formación.

Estado Mayor del Ejército (Madrid). Jefe del Gabinete Criptográfico, recién creado en el E. M. Fue importante por los asuntos que se realizaban. Felicitación por su intervención en el atraco a un banco, Cruz al Mérito Militar.

5. Después pasé a la reserva transitoria (Madrid)

Sin perder el espíritu militar que había adquirido, y el interés que seguía conservando para realizar aquello que consideraba útil al bien común, como lo demuestran algunos hechos civiles realizados en Cedillo, donde nací en año 1933:

a) Club Náutico Internacional que se inauguró el año 2008 y navega por el río Tajo y el Ponsul. La idea tiene su origen en el escrito de 1990. (Pág. 47 del libro *Exposición de acontecimientos que tuvo en su vida Manuel Pires Nunes*).

b) El puente que está pendiente de inauguración para 2024, en el río Sever, y que une Cedillo y Montalvão. (También figura en el mismo libro pág. 48).

Todavía le queda tiempo a este ciudadano para intervenir en asuntos militares, como es el delicado de desahucio que amenazaba, insistentemente, durante más de diez años en echar de sus viviendas a 45 000 inquilinos. Debe quedar constancia que por las mismas leyes los funcionarios civiles no tuvieron ningún problema. En los libros *Diez años de lucha* y *Trayectoria de una vida*, de los que soy autor, queda reflejado el trabajo que costó que al final publicaran la Ley 26/99, sobre la venta de las viviendas a sus ocupantes, pero no a los precios legales, como a los demás españoles (eran todas de Protección Oficial).

Mi idea personal fue la siguiente

Al observar la situación que se presentaba al principio noté que se iba a proceder a que repitieran el Segundo Curso (lo normal era que donde más repitiera era en el Primero); pero, al ingresar menos alumnos, y continuaba la misma plantilla de profesores, alguna medida había que tomar para que pudieran quedar los mismos profesores. Consideré que era injusta esta (1ª) medida.

1º La promoción 21 al llegar a Segovia (Academia Especial para Artillería), tenían en el horizonte la idea que aspiraban a modificar, pasar de cuatro a cinco años, para igualarla a las carreras civiles. Estaba a la vista que habría repetidores (2ª), ocasión de aviso cara al futuro.

2º El panorama que se observaba era muy oscuro, porque los procedentes de la AAM (Villaverde), normalmente ya tenían como media unos 8 años más de edad, lo que el tiempo era muy importante para programar su porvenir razonablemente.

3ª Incertidumbre. Es de suponer que en los procedentes de una academia y de la otra, su preparación había sido más completa.

4º Ante esa situación me orienté hacia la posibilidad de realizar otros estudios con vista al futuro, que podían ser más alcanzables y sin inconvenientes. Compré varios libros para estudiarlos y dejé al margen algunos de los cursos de Segovia, porque no me encontraba motivado para continuar mi situación, por las razones indicadas anteriormente.

5º Mi vocación militar seguía la misma línea de siempre, como lo demuestra que desde mi salida de la academia tuve varios destinos de oficial en Regimientos, con el máximo interés, y que después nunca me aparté de situaciones en favor del Ejército: como directivo en la Asociación de Personal Ajeno al Servicio Activo, después creé la Asociación de Vecinos Poeta Esteban de Villegas, para la defensa de los inquilinos de viviendas militares amenazados de desahucio que afectaba a 45 000 militares, y que duró más de DIEZ AÑOS. Tanto en una como en la otra asociación, desempeñé mi cargo sin ánimo de lucro. Y con la vista puesta en colaborar en defensa del Ejército, como lo demuestran varias felicitaciones de las autoridades militares superiores (JEME), que reconocieron mi decidida defensa en favor de los militares que pretendían echar de sus casas, totalmente contra la ley. Al final, publicaron la Ley 26/99, y las vendieron a sus inquilinos, como se había hecho con los funcionarios los demás ministerios.

Índice

Compendio de los libros de Dionisio Piris Duro
se terminó de imprimir en Madrid,
en enero de 2026

edición **personal**
www.operaprima.es